MUST READ ANALISI DEL LIBRO

AF143915

Il cacciatore di aquiloni

. . . .

KHALED HOSSEINI

ANALISI DEL LIBRO

Scritto da Perrine Beaufils
Tradotto da Sara Rossi

Il cacciatore di aquiloni

. . . .

Khaled Hosseini

La conoscenza a portata di mano!

MUST READ

www.50minutes.com
Ripassate i vostri argomenti preferiti con i nostri titoli pratici

KHALED HOSSEINI

SCRITTORE AMERICANO DI ORIGINE AFGHANA

- **Nato a Kabul (Afghanistan) nel 1965**
- **Opere degne di nota:**
  - *Il cacciatore di aquiloni* (2003), romanzo
  - *Mille splendidi soli* (2007), romanzo

Khaled Hosseini è uno scrittore americano di origine afghana, nato a Kabul nel 1965. Figlio di un diplomatico e di un'insegnante, ha lasciato l'Afghanistan quando era molto giovane, seguendo il padre nei suoi vari incarichi. La famiglia ha poi vissuto a Parigi, prima di chiedere asilo negli Stati Uniti, preferendo non tornare in patria mentre il Paese era sotto il controllo russo.

Dopo il diploma di maturità, Khaled Hosseini ha conseguito una laurea in biologia e un dottorato in medicina. Da allora esercita la professione di medico scrivendo romanzi. Il suo primo libro, *Il cacciatore di aquiloni* (2003), ha ottenuto un notevole successo, così come il secondo, *Mille splendidi soli* (2007).

IL CACCIATORE DI AQUILONI

LA STORIA DELL'AFGHANISTAN DAL PUNTO DI VISTA DI UN BAMBINO

- **Genere:** romanzo
- **Edizione di riferimento:** Hosseini, K. (2004) *The Kite Runner*. New York: Riverhead
- **Prima edizione:** 2003
- **Temi:** ricordi, razzismo, vigliaccheria, senso di colpa, perdono

The Kite Runner, romanzo pubblicato negli Stati Uniti nel 2003, racconta l'esplorazione di Amir dei suoi ricordi d'infanzia, quando ancora viveva nel suo Paese, l'Afghanistan, che ha dovuto lasciare con il padre per sfuggire all'occupazione russa. Si lascia alle spalle il suo mondo, i suoi ricordi e i suoi errori. Tuttavia, tutti tornano a perseguitarlo e lui troverà un modo per riscattarli.

Questo romanzo, che ha avuto un enorme successo, ci presenta la storia dell'Afghanistan negli anni '70, con l'occupazione russa e il regime talebano, vista attraverso gli occhi di un bambino.

SINTESI

COME DUE FRATELLI

Amir è un ragazzino afghano di circa dieci anni. Vive da solo con il padre, Baba, che è uno dei più ricchi commercianti di Kabul. Nonostante l'amore incondizionato che dedica a Baba, il loro rapporto è complicato. Amir, infatti, è l'esatto contrario di suo padre: è piuttosto gracile, scarso nello sport, interessato soprattutto alla lettura e si lascia prendere in giro dagli altri bambini. Soffrendo per questa situazione, trova regolarmente rifugio presso Rahim, il socio in affari di Baba. Rahim capisce cosa sta separando padre e figlio e cerca di consolare il ragazzo. È anche l'unico a credere nel talento di Amir per la scrittura.

Amir trascorre le sue giornate in compagnia di Hassan, il figlio del loro servo, Ali, che appartiene agli Hazara. Questo popolo è stato perseguitato dai pashtun per molti anni e, da allora, Hassan e suo padre sono stati costretti a lavorare come servi. Ai due bambini manca la stessa cosa: nessuno di loro ha conosciuto la propria madre. La madre di Amir è morta durante il parto, mentre quella di Hassan è fuggita poco dopo la sua nascita. Entrambi hanno avuto la stessa balia e hanno sempre vissuto vicini. Pertanto, i legami tra loro sono forti. Ma le somiglianze non si fermano qui: sono infatti fratellastri, cosa che Amir scopre solo in età adulta.

Una sera del luglio 1973, dopo che il re è stato rovesciato, a Kabul scoppiano sparatorie quasi ovunque, segnando "l'inizio della fine" per Amir. Il giorno dopo, Amir e Hassan giocano in un terreno incolto e incontrano altri ragazzi della loro età che conoscono bene. Tra loro c'è Assef, un giovane violento e razzista che adora Hitler. Odia gli Hazara e vorrebbe che il suo Paese fosse popolato solo da Pashtun. Mentre si prepara a colpire Amir come punizione per essere amico di Hassan, quest'ultimo tira fuori la sua fionda e lo minaccia. Preso dal panico, Assef abbandona la scena, promettendo di vendicare l'insulto.

BATTAGLIE DI AQUILONI

Ogni inverno si svolge la tradizionale battaglia degli aquiloni: ogni bambino si arma di un aquilone e deve cercare di tagliare la corda dei concorrenti con i frammenti di vetro attaccati al proprio aquilone. L'ultimo bambino rimasto in piedi viene dichiarato vincitore e, per convalidare la sua vittoria, ogni aquilone eliminato deve essere raccolto dal vincitore. Amir e Hassan sono particolarmente abili in questo gioco: Amir gestisce l'aquilone mentre Hassan cerca quelli caduti. Quest'anno, Amir desidera particolarmente essere il vincitore del torneo per essere più vicino a suo padre e renderlo orgoglioso.

Il ragazzo riesce a vincere i vari duelli e, mentre organizza la sua attrezzatura, Hassan va alla ricerca dell'ultimo aquilone battuto. Dopo un po', Amir si accorge che il suo amico è sparito da molto tempo e va a cercarlo. Trova Hassan in un'imboscata tesa da Assef e dai suoi amici. Assef ordina ad Hassan di consegnargli l'aquilone e, al suo rifiuto, decide di dargli una lezione e lo violenta. Pietrificato e non osando intervenire, Amir assiste alla scena nascosto dietro una staccionata, prima di fuggire inorridito da ciò che ha appena visto e dalla sua stessa codardia.

Questo evento segna la fine della loro amicizia. In seguito, i due ragazzi non si parlano quasi più. Amir non sopporta la vista di Hassan, che gli ricorda la sua codardia. Decide quindi di sbarazzarsi di Ali e di suo figlio accusandoli di furto. Ottiene il suo scopo e, nonostante la disperazione di Baba, i due Hazara lasciano la loro vita.

REDENZIONE DEI PECCATI

Nel marzo 1981, Amir fugge dall'Afghanistan con il padre per sfuggire all'occupazione russa. Raggiungono gli Stati Uniti e si stabiliscono in California. Lì, il padre lavora come guardiano di una stazione di servizio, il che cambia completamente il loro stile di vita. Nel frattempo, Amir prosegue gli studi e inizia l'università dove studia le tecniche di scrittura per diventare scrittore, con grande disappunto del padre che avrebbe preferito che diventasse avvocato o medico. Nel 1989 pubblica il suo primo romanzo.

Un giorno incontra Soraya Taheri, la figlia del generale afghano. Si innamora immediatamente, le chiede di sposarlo. Tuttavia, un'ombra persiste sulla scena: non possono avere figli. Amir crede che questa sia una punizione per la codardia dimostrata da bambino. Ma un giorno, nel giugno 2001, squilla il telefono: è Rahim, l'ex socio in affari del padre, che gli dice che "c'è un modo per riscattarsi". Infatti, Rahim ha una missione per lui che prevede di salvare il figlio del suo vecchio amico Hassan e di crescerlo.

Amir accetta di andare a trovarlo in Pakistan. Rahim gli consegna una lettera di Hassan, in cui racconta ad Amir la sua vita: gli spiega che è sposato, ha un figlio e che spera di rivedere un giorno Amir, a cui dedica la sua eterna devozione. Tuttavia, Rahim non gli racconta la parte successiva della storia: Hassan e sua moglie sono stati uccisi dai talebani, lasciando orfano il loro figlio, Sohrab. È per salvarlo dall'orfanotrofio che Rahim ha chiesto ad Amir di venire. Inoltre, insegna ad Amir che Hassan era in realtà il figlio di Baba, dopo aver avuto una breve relazione con la moglie del suo servo.

Amir accetta la missione. La vede come un'opportunità per redimersi e cancellare il male che ha causato al suo amico. Così, parte per Kabul e scopre all'orfanotrofio che il giovane Sohrab è stato portato via da un talebano diverse settimane prima. Quando Amir lo trova, scopre con stupore che il talebano che lo ha preso è Assef. I due uomini lottano e Amir riesce a fuggire con il bambino.

Entrambi tornano negli Stati Uniti, dove Soraya è felice di accogliere il nipote del marito. Ma la strada sarà lunga per Sohrab che, segnato dalle esperienze vissute, si ritira in un profondo silenzio, rifiutando praticamente qualsiasi tentativo di comunicazione. Amir non si lascia scoraggiare e fa di tutto per offrire una vita confortevole e rassicurante al figlio del suo amico.

STUDIO DEL CARATTERE

AMIR

All'inizio della storia Amir è un ragazzino di dieci anni. Senza madre, vive in un universo esclusivamente maschile, circondato dal padre Baba, da Ali, il servo, e da Hassan, il figlio di Ali, più giovane di lui di un anno e suo compagno di giochi. Amir ama suo padre incondizionatamente, ma il loro rapporto è comunque difficile. Baba, infatti, vorrebbe che il figlio fosse più sportivo e dinamico, mentre Amir è timoroso, timido e tranquillo, e ama leggere.

Con Hassan, con cui trascorre molto tempo, il carattere di Amir cambia completamente: diventa autoritario e cinico, a volte al limite della cattiveria, e cerca disperatamente di mettere alla prova la lealtà del suo amico. È la sua codardia di fronte agli altri bambini a distruggere il suo mondo, perché non osa reagire all'aggressività di Assef. Per codardia, preferisce scappare e fingere di non sapere cosa sia successo. Preferisce allontanare Hassan e suo padre con un falso pretesto, piuttosto che vedere ogni giorno il suo amico, il cui volto gli ricorda la sua stessa codardia.

In seguito, Amir osa finalmente opporsi al padre quando si tratta di scegliere il suo campo di studi: vuole diventare uno scrittore, non un medico o un avvocato. Ma è la telefonata di Rahim e il suo ritorno a casa che lo cambiano veramente. Il suo atteggiamento durante lo stupro di Hassan ha pesato sulla sua coscienza per decenni e finalmente ha la possibilità, non di redimersi – perché il danno è già stato fatto e non può essere riparato –, ma di mettere da parte le sue paure e dimostrare di essere altruista. L'atto è particolarmente importante perché coinvolge il figlio di Hassan.

Amir non è un eroe convenzionale, poiché è un personaggio codardo ed egoista. Tuttavia, egli rappresenta le nostre stesse paure e permette al lettore di chiedersi: "Cosa avrei fatto io nella sua situazione? Sarei intervenuto per salvare il mio amico, a rischio di mettere in pericolo la mia vita o avrei scelto anch'io di scappare?".

BABA

"Mio padre era una forza della natura, un imponente esemplare pashtun con una folta barba, una chioma riccioluta e bruna come l'uomo stesso, mani che sembravano in grado di sradicare un salice e un bagliore nero che avrebbe fatto 'cadere il diavolo in ginocchio implorando pietà'" (capitolo 3), spiega Amir.

Rimasto vedovo, non si è mai risposato, anche se alla fine del romanzo si scopre che ha avuto una breve relazione con la moglie di Ali e che Hassan è suo figlio. Ricco commerciante, possiede due farmacie, un ristorante ed esporta tappeti. È in grado di dare al figlio una vita libera dal bisogno, ma sembra incapace di offrirgli affetto. Baba non capisce Amir, non condivide i suoi interessi e lo turba vedere Amir così insicuro di sé. Mentre è prepotente in Afghanistan, si trova in una posizione di inferiorità quando si trasferisce negli Stati Uniti: non si sente più a casa, ha perso l'orientamento e Amir prende il comando.

HASSAN

Hassan è ufficialmente il figlio di Ali, il servo di casa. Appartenente alla tribù Hazara, è condannato per nascita a fare il servo e a non avere un'istruzione. Tuttavia, è vivace e intelligente e ama Amir incondizionatamente. Condivide tutti i suoi giochi ed è pronto a sacrificarsi per lui, poiché è lui a mettere in crisi Assef durante il loro primo litigio, un atteggiamento che determinerà il suo destino poiché Assef si vendicherà in seguito. Sa che Amir era presente durante il suo stupro e che l'amico ha mentito sul loro presunto furto per liberarsi di lui, ma non rivela nulla: la sua dedizione è sconfinata.

Prima di morire, lascia una lettera ad Amir in cui gli assicura la sua fedeltà. Lungi dall'essere un ragazzo senza carattere, Hassan appare così generoso e fedele.

ANALISI

LA FIGURA PATERNA

Il cacciatore di aquiloni è un romanzo quasi esclusivamente maschile. Le donne, infatti, non compaiono molto spesso, ad eccezione di Soraya e di sua madre nella seconda parte del libro. L'immagine degli uomini, in particolare del padre, è quindi importante.

Nel romanzo troviamo diversi tipi di padre: il padre adorato ma distante incarnato da Baba; il padre ideale nel personaggio di Rahim; il padre discreto che farebbe di tutto per il figlio, come Ali; e infine l'uomo che vorrebbe diventare padre ma non ci riesce.

- Baba è l'unico genitore conosciuto da Amir dopo la morte della madre durante il parto. Tuttavia, entrambi hanno un rapporto difficile. Amir parla di lui come segue: "Baba e io vivevamo nella stessa casa, ma in sfere diverse dell'esistenza" (capitolo 6). Queste due persone non si capiscono: Amir è convinto che il padre gli rinfacci di aver "ucciso" la madre, e Baba non sostiene il carattere modesto e timido del figlio. La sua debolezza fisica gli sembra un difetto e trova insopportabili i ripetuti malori di Amir in macchina. Tuttavia, Amir dice: "Adoravo Baba con un'intensità che si avvicinava a quella religiosa" (capitolo 4). L'unico momento in cui i due sono uniti è la vittoria di Amir nel torneo di aquiloni. Ma questo ha un prezzo, perché Amir ha dovuto sacrificare Hassan. Hassan è infatti il figlio segreto di Baba, come scopriamo, insieme ad Amir, alla fine del romanzo. Finalmente capiamo perché Baba ha sempre trattato Hassan come se fosse suo figlio, cosa che a volte sorprende Amir.

- Ali, il padre ufficiale di Hassan, è discreto, ma giusto e devoto al figlio. Non partecipa a nessuna delle attività di Hassan. Tuttavia, non esita a sostenere Hassan quando viene accusato di furto da Amir.

- Rahim è l'amico e il socio in affari di Baba, nonché l'unico uomo adulto che presta attenzione ad Amir, che crede in lui e nelle sue qualità. In questo senso, è la figura paterna ideale. Quando il rapporto tra Baba e Amir diventa troppo difficile, Amir arriva a desiderare che Rahim sia suo padre. È Rahim che per primo incoraggia Amir nei suoi progetti di scrittura, gli ricorda anche i suoi doveri e gli chiede di riscattare i suoi peccati tornando in Afghanistan per salvare Sohrab.

- Amir, da adulto, desidera a sua volta più di ogni altra cosa diventare padre, ma non riesce ad avere figli dal matrimonio con Soraya: "Forse qualcosa, qualcuno, da qualche parte, aveva deciso di negarmi la paternità per le cose che avevo fatto. Forse questa era la mia punizione, e forse a ragione" (capitolo 13). Più tardi, quando raccoglie Sohrab, deve lavorare per guadagnarsi la sua fiducia. Amir deve imparare a essere un padre e a cedere alla riluttanza del figlio per non affrettare il processo.

TEMA DEL SENSO DI COLPA

Il senso di colpa designa un sentimento che porta a considerarsi responsabili di un evento. Amir lo prova per tutto il romanzo, per diverse ragioni:

- si sente in colpa per la morte della madre. Infatti, poiché lei è morta dandolo alla luce, immagina di essere responsabile, anche se, naturalmente, non lo è;

- in seguito, si sente in colpa per l'aggressione subita da Hassan e questo è un ricordo che porterà con sé per tutta la vita. Amir ha assistito alla scena, avrebbe potuto intervenire per difendere il suo amico, ma tutto ciò che voleva era portare l'aquilone a suo padre e vedere finalmente l'orgoglio nei suoi occhi. Per questo motivo preferisce fuggire. Tuttavia, il senso di colpa che prova per la sua codardia diventa presto intollerabile. La sola vista di Hassan gli fa ricordare la sua codardia e la sua debolezza. Solo la partenza per gli Stati Uniti, che gli permette di allontanarsi dal luogo del suo errore, lo solleva: "Per me l'America era un luogo dove seppellire i miei ricordi" (capitolo 11).

Anche Baba è preda di sensi di colpa, anche se lo scopriamo alla fine del romanzo, quando la verità sulla nascita di Hassan viene rivelata ad Amir. Baba è il suo vero padre. Si sente in colpa per non essere riuscito a prendersi cura di lui come fa con Amir. Così, coglie ogni occasione per cercare di riscattare il suo errore attraverso dei regali, come l'operazione estetica per curare la labiopalatoschisi del bambino che regala ad Hassan per il suo compleanno.

Il senso di colpa è uno dei temi più importanti del romanzo. L'autore ci mostra come i personaggi riescano o meno a convivere con questo sentimento. Per tutta la vita, Baba ha voluto fare ammenda, mentre Amir ha preferito evitare i suoi sentimenti per gran parte della sua esistenza prima di esprimerli, finalmente. Da quel momento in poi, si assume la responsabilità e cerca di riparare il più possibile ai suoi errori.

STORIA DI UN'ADOLESCENZA

Il genere del racconto di formazione, detto anche romanzo di formazione, nasce in Germania nel XVIII secolo con il nome di Bildungsroman. Racconta il percorso e l'evoluzione di un eroe, che all'inizio dell'opera è giovane e inesperto. Lo vediamo quindi maturare, evolversi, mettersi alla prova e formare la propria visione della vita. In questo tipo di struttura, il personaggio deve affrontare diversi eventi che, alla fine, gli conferiscono saggezza. La storia del coming-of-age descrive quindi la maturazione dell'eroe.

Amir segue un percorso che lo rende l'eroe di una storia di formazione. La sua infanzia è stata dorata, protetta dalle vicissitudini della vita, ed è guidata da una certa moralità. Ali, parlando dei due bambini cresciuti dalla stessa balia, dice che "c'era una fratellanza tra persone che si erano nutrite dallo stesso seno, una parentela che nemmeno il tempo avrebbe potuto spezzare" (capitolo 2). Ma Amir si rende subito conto di vivere in un mondo di disuguaglianze: lui è un pashtun e vive in una bella casa, mentre il suo amico Hassan e suo padre, che sono quasi parte della famiglia, vivono in una misera capanna in giardino, solo perché sono hazara. Questa sensazione è rafforzata dalle parole di Assef, che odia il popolo Hazara, sostenendo che l'Afghanistan appartiene ai Pashtun.

Più tardi, quando Hassan viene aggredito, Amir si rende conto che questo atto potrebbe rimanere impunito perché è stato commesso da un pashtun contro un hazara. Eppure, il ragazzo non riesce ad accettare questa fatalità, nonostante la sua stessa codardia che ha permesso il crimine. Amir sente improvvisamente, attraverso questo dramma, che la vita non è come se l'era immaginata prima. Vivendo in un mondo privilegiato, non conosceva né la violenza né il vizio. Improvvisamente scopre qualcosa che lascia una traccia indelebile. Dopo aver cercato di sfuggire alle sue responsabilità, Amir diventa veramente un uomo solo dopo aver affrontato la realtà, cioè dopo aver riscattato le sue azioni contro il suo ex amico crescendo suo figlio.

L'educazione di Amir dipende anche dal territorio geografico. Finché si trova in Afghanistan, rimane sotto il controllo del padre che prende tutte le decisioni per lui. Tuttavia, le cose cambiano completamente quando partono per stabilirsi in California. Lì, Baba perde i suoi punti di riferimento, permettendo ad Amir di acquisire i propri. Nel suo Paese, Baba era un uomo forte, che prendeva le decisioni: qui è Amir a prendere le decisioni e a diventare il motore della sua vita. Finalmente riesce a costruire se stesso e a sfuggire al giogo del padre (anche se questi voleva solo il meglio per il figlio).

Amir completa veramente il suo viaggio quando torna a casa per salvare Sohrab: il cerchio si chiude. Amir cresce attraverso le decisioni che deve prendere per continuare a vivere in pace con se stesso: dopo non aver fatto nulla per salvare

Hassan, ora deve agire per salvare il figlio del suo vecchio amico.

UN'IMMAGINE DELL'AFGHANISTAN

Nel corso del romanzo, l'autore ci fornisce informazioni sull'Afghanistan, che per molti anni ha visto un regime politico particolarmente instabile.

Paese dell'Asia centrale, un tempo punto nevralgico della Via della Seta, l'Afghanistan ha sofferto di un profondo squilibrio politico a partire dal 1919. Tuttavia, il romanzo non va così indietro nel tempo e inizia negli anni '70, durante il regno di Mohammed Zaher Chah. Il Paese era prospero fino alla notte del 17 luglio 1973, quando il re fu rovesciato da Mohammed Daoud Khan e fu proclamata la Repubblica. "L'Afghanistan cambiò per sempre" (capitolo 4) dice Amir a proposito di questo episodio. È da quel momento in poi che la Russia rafforza la sua presa sul Paese, raggiungendo l'apice nel 1978 con il rovesciamento di Daoud in un colpo di Stato sostenuto dai russi. È proprio l'occupazione russa a spingere Amir e suo padre a fuggire dal loro Paese: "A Kabul non ci si poteva più fidare di nessuno: a pagamento o sotto minaccia, le persone facevano la spia l'una sull'altra, il vicino sul vicino, il figlio sul genitore, il fratello sul fratello, il servo sul padrone, l'amico sull'amico" (capitolo 10).

Quando Amir e Baba vivono in California, in Afghanistan sono i Talebani a prendere il potere. Una situazione che ha sempre spaventato Baba, che dice ad Amir: "Che Dio ci aiuti se l'Afghanistan cade nelle loro mani" (capitolo 3). I Talebani sostengono l'islamizzazione della società, della morale e della giustizia. Solo la legge divina conta. Quando Amir torna in Afghanistan, vede con orrore lo stato del suo Paese e di Kabul, che porta le cicatrici di molti anni di guerra. In città, i Talebani circolano costantemente per controllare la popolazione. Assiste persino a una lapidazione per adulterio, contro le sue intenzioni. Riconosce anche il talebano che sta eseguendo la sentenza: non è altro che Assef, che tiene prigioniero anche Sohrab. Così, nel corso del romanzo, il lettore segue l'evoluzione politica del Paese.

ULTERIORI RIFLESSIONI

ALCUNE DOMANDE SU CUI RIFLETTERE...

- Quale immagine della famiglia viene proposta dal romanzo?

- "Se c'è un Dio là fuori, spero che abbia cose più importanti di cui occuparsi del mio bere scotch o mangiare carne di maiale". A cosa si riferisce Baba? Sviluppate la vostra risposta.

- Qual è l'immagine della donna trasmessa dai personaggi di Soraya e di sua madre?

- Come viene presentata la religione in questo romanzo? Sviluppate la vostra risposta.

- Con quali altri romanzi contemporanei può essere paragonato *Il cacciatore di aquiloni*? Spiegate la vostra risposta.

- La storia dell'eroe Amir non può essere completamente separata da quella del suo Paese, l'Afghanistan. Spiegate come gli eventi storici influenzano il destino del personaggio.

- Possiamo definire *Il cacciatore di aquiloni* un romanzo storico? Spiegate la vostra risposta utilizzando la definizione di questo genere e alcuni esempi specifici tratti dal romanzo.

ULTERIORI LETTURE

EDIZIONE DI RIFERIMENTO

Hosseini, K. (2004) *Il cacciatore di aquiloni*. New York: Riverhead.

Vogliamo sapere da voi!
Lasciate un commento sulla vostra biblioteca online
e condividete i vostri libri preferiti sui social media!

MUST READ

Perché scegliere Must Read?

Scoprite tutto quello che c'è da sapere su
un libro, con i nostri riassunti e le nostre
analisi concise e approfondite!

**Scoprite il meglio della letteratura
sotto una luce completamente nuova!**

MUST READ ANALISI DEL LIBRO

Lo straniero

ALBERT CAMUS

MUST READ ANALISI DEL LIBRO

Il Grande Gatsby

FRANCIS SCOTT FITZGERALD

MUST READ ANALISI DEL LIBRO

Una bottiglia nel mare di Gaza

VALÉRIE ZENATTI

MUST READ ANALISI DEL LIBRO

Vorrei che da qualche parte ci fosse qualcuno ad aspettarmi

ANNA GAVALDA

MUST READ ANALISI DEL LIBRO

Il conte di Montecristo

ALEXANDRE DUMAS

MUST READ ANALISI DEL LIBRO

Il profumo

PATRICK SÜSKIND

www.50minutes.com

Sebbene l'editore faccia ogni sforzo per verificare l'accuratezza delle informazioni pubblicate, 50minutes.com non si assume alcuna responsabilità per il contenuto di questo libro.

© 50minutes.com, 2023. Tutti i diritti riservati.

www.50minutes.com

Master ISBN: 9782808690164
ISBN cartaceo: 9782808611565
Deposito legale: D/2023/12603/1436

Copertura: © Primento

Concezione digitale a cura di Primento, il partner digitale degli editori.